MUJER
PUERTORRIQUEÑA
NEGRA

MUJER PUERTORRIQUEÑA NEGRA

(Poesía comprometida de género, patria e identidad negra)

Mervin Roman Capeles

Número de Control de la Biblioteca del Congreso de EE. UU.:		2014960110
ISBN:	Tapa Dura	978-1-4633-9731-9
	Tapa Blanda	978-1-4633-9732-6
	Libro Electrónico	978-1-4633-9733-3

Fecha de revisión: 13/01/2015

Para realizar pedidos de este libro, contacte con:
Palibrio
1663 Liberty Drive
Suite 200
Bloomington, IN 47403
Gratis desde EE. UU. al 877.407.5847
Gratis desde México al 01.800.288.2243
Gratis desde España al 900.866.949
Desde otro país al +1.812.671.9757
Fax: 01.812.355.1576
ventas@palibrio.com
677472

ÍNDICE

PALABRAS DE MUJER
7

MUJER PATRIA
33

MUJER NEGRA
49

PALABRAS DE MUJER

Palabras de la aproximación

Cuando el viento deja escapar el murmullo de su brisa
y la quietud fresca del momento desaparece,
la tormenta se aproxima.
Sólo palabras pueden mitigar su furia
y el desdén del sufrimiento.

La oscuridad del círculo
que te rodea se agrandará.
Y la profundidad de su paso cercano
te dará la bienvenida.
Sólo palabras vienen a tus oídos,
al silencio de tu boca
con asombro y negación.
Nadie viene.
Ni te buscará.
Ni se detendrá para consolarte.
Nadie hará bien,
ni mal, ni nada.
Cada cual está tratando de encontrar
su propia ruta,
o sus propias palabras,
para llegar al otro nivel
donde la luz y la claridad
están esperando.
¿Y tú?
Sola…
Sólo las palabras suenan tan serenas
en esos momentos de desesperación.
Y esas palabras se convierten en tus hermanas,
en la revelación.
Le das la bienvenida
a tan sólo las palabras…

Palabras del vacío

Hay cosas que pasan por la vida…
Amigos, una carrera, ese hombre, matrimonio, hijos…
Pero nada,
nada te prepara
para tu soledad.

Cuando te levantas sin entender
el espiral que te hala.
Cuando caes sin detenerte.
Cuando sabes que en el espejo,
tu sombra burlesca
aparecerá.

Nada, absolutamente nada.
Ni la risa de los niños,
ni el amor de esos dos brazos
que confiadamente te abrazan.
Ni los libros, ni otros.
Nada.
Esa estacionaria nada.
Responsable de miles de lágrimas.

Patética, irresponsable, alocada nada.
Pasa el tiempo…
con nadie que lo descubra
y con sólo una esperanza:
alcanzar el algo.

Palabras de la traición

Me llegaron las palabras
de que tú estabas al otro lado.
Que tú cruzaste la fina línea
que nos separa de la jungla.
Que estabas con otros
y me dejaste sola.

Y mi corazón lloró.

Me aferré a los retratos íntimos
que construían el "collage" de nuestra hermandad.
El primer momento…
Cuando vi tus ojos
y escuché tus palabras de sabiduría.
El momento cuando decidí
que tú y yo podíamos ser una.
El momento en que, juntas,
podíamos crear la posibilidad de la creación.
El recuerdo del momento
en que decidí que valía la pena
abrir las puertas a la confianza y la compañía
y la lealtad y la cercanía
y la felicidad y al mañana
y…

Sólo imágenes…
Sólo memorias…
Sólo polvo.

Palabras de frustración

Recuerdo la primera vez que te vi.
Fue un momento congelado en un abrazo.
Nuestras almas fueron capturadas
en un vaso de fantasía.

Un momento de sentimientos creciendo.
Una ilusión.

Porque entre el océano
dejamos escapar nuestros demonios
para venir a ser menos que nada.

Asustada, comencé a buscarte.
Pero terminé gritando
en una pecera de cristal.

Y aquí estoy…
Sola!

Tratando de entender
cuándo te perdí.
Al menos…
Tratando de aceptar
mi necesidad de llorar…
¡Amiga!

Palabras de la despedida

Puse tu cuerpo en mi falda
para contemplar, por última vez,
lo que pudo ser una gran vida.
Puse tu cabeza
dentro del círculo que mis brazos crearon,
para asegurarte que mañana,
tarde o temprano llegará
y decidirá
nuestro hoy.
Te guie a llorar
y te di en su lugar mis lágrimas.
Ven, mi amado pasado,
a rodear de seguridad nuestros cuerpos.
Ven, mi amado ayer,
a llenar de multitudes nuestro presente.
No te vayas aún
hijo mío.
No dejes escapar
tu luz interna.
Por favor…
No te mueras todavía.
Al menos, no…
hasta que cubra tus ojos de sonrisas.

Palabras de la mente vacía

Te vas deslizando por los corredores del misterio…
sin invitarme.
Te vas esquivando de mi recuerdo…
sin despedirte.
Sin darme la oportunidad
que por tantos años he esperado para decir "te quiero."
De que me explicaras
cómo te sentiste el día aquél en que mi frágil cuerpo
cambió de dueño.
Te vas sin irte.
Te alejas, sin marcharte.
Te desapareces dejando tu cuerpo
para que, así, al menos, recordemos
que naciste un día,
que un día tuviste padres,
que una tarde te casaste,
que una noche me pariste
…Madre

Palabras del rendimiento

(Testamento)

Querida hija:
Te dejo las lágrimas de felicidad que salieron de mí
cuando supe de tu venida.
Te dejo las noches de miedo que tuve
mientras mi vientre crecía.
Te dejo las nanas que te cantaba
cuando estabas en mí misma.
Te dejo las horas de dolor que pasé
para poder tener la dicha de verte por primera vez.
Te dejo los miedos que tuve
de que no pudieras nacer viva o saludable.
Te dejo la leche que salía de mis senos
con la que te alimentaba.
Te dejo la seguridad de que fuiste amada
y deseada y buscada y amada y amada y amada.
Te dejo el olor del perfume con que,
cuando eras pequeña te perfumaba.
Te dejo los juegos de infancia
con que pasábamos el tiempo.
Te dejo las noches sin dormir
que pasé a tu lado cuando te enfermabas.
Te dejo los muñequitos animados
que te hicieron la buena actriz que ahora eres.
Te dejo las visitas a la escuela
para verte en las actividades.
Te dejo las tardes de asignaciones
con que aprendíamos juntas.
Te dejo los muchos viajes
que cada año rodeaban tus vacaciones.
Te dejo las celebraciones de tus cumpleaños
con que le daba gracias a Dios por tu presencia en la vida.
Te dejo los regalos que siempre te daba
después de cualquier excusa para ello.
Te dejo las graduaciones que asistí en tu honor.

Te dejo los sacrificios que hice
para que pudieras lograr tus estudios y sueños.
Te dejo el día que tu carita triste y solitaria
me hizo recapacitar de una loca idea que se me metió
y que amenazó con terminar mi vida feliz y hermosa
junto a tu padre.

-0-

Te dejo el paréntesis de olvido que tengo
de cualquier cosa tan mala
que haya hecho en tu vida para que me odies tanto.
-0-

Te dejo el derecho a errar y errar y errar hasta la muerte.
Te dejo la soledad de mí
para que mi sombra no te ahogue ni te asfixie.
Te dejo la certeza de que no me tienes que agradar
porque nunca podría dejar de amarte.
Te dejo el olvido de imágenes del pasado
que quieran hacerte esclava del presente.
Te dejo un futro sin mí
para que así te sientas madura y grande e independiente.
Te dejo mis recuerdos
para que sustituyan la falta de los tuyos.
Te dejo la falta de conocimiento del dolor y lágrimas
con que muero.

Te dejo la libertad para ser quien quieras ser.

¡Te dejo!

Palabras del cuerpo cansado

A veces nos consume la inquietud de no ser.
Nos carcome la ansiedad a desaparecer
de los escenarios construidos por años.
Y comenzamos a descender
a un mundo de miedo.
Al mundo de por toda una vida olvidado.

Es entonces cuando el retiro se hace obligado,
La inercia irónicamente se convierte en algo
y la mente crea un puente con el alma
para re-comenzar un viejo diálogo.
Es cuando nos hacemos egoístas
y todo queda abandonado
para darle al espíritu paso.

Y cuando lo logramos
(aún a fuerza del sacrificio diario)
Volvemos a crear lo pasado,
Enderezamos el presente errado
y en victoria hacia un mejor futuro nos lanzamos.

¡Oh cuerpo desgastado!
Disfruta del paréntesis de tu descanso.

Palabras del tiempo viejo

Está comenzando a hacerse pesado el viaje.
A hacerse cansado, obligado todo mi equipaje.
Estoy comenzando a buscar alivio en cada posada
y dejando en otras manos mis ideas obligadas.
La música está muy corta para tan gran pentagrama
y sólo son mis temores los que arrojan esperanzas.
¡Ay vida que no se vive!
¡Ay amor que no se extingue!
Que se está naciendo el alba cuando aún la noche es larga.

Los tentáculos del tiempo se entrelazan en mi rostro
creando senderos nuevos desembocando en el polvo.

¡Ay… cómo pesa este ensamblaje!
¿Hay alguien que me lo explique?
¿Hay discurso que lo aguante?

El tiempo se hace sonoro con palabras de silencio
y el ruido queda plasmado en un cascarón de hielo.
Estoy haciendo el intento, pero es poco a lo que llego
y en la suma de recuerdos el resultado es un hueco.

Hoy me siento en las penurias que me da la incertidumbre.
Hoy me envuelvo en la cortina que le da marco a mi lumbre.
Hoy detengo los susurros que mi soledad descubre.
Hoy silencio las plegarias que poco a poco se pudren.

Está comenzando a hacerse pesado el viaje.
A hacerse cansado… obligado todo mi equipaje.

Palabras de la mujer

Me dan deseos de abrazarte,
niña hermosa,
de secar tus lagrimas.
De cantarte nanas lindas y cuidar tu entrada.
De contarte cuentos lindos de princesas y de hadas.
De verte crecer alegre sin destrozar tus alas.

Me dan deseos de abrazarte,
mujer hueca,
de secar tus lágrimas.
De limpiarte las heridas que aparecen sin respuesta.
De contar, gota por gota, la sangre que se te escapa,
y contarte de mujeres que de proteger se encargan.

Sin embargo… callo.

Te traiciono día a día por no enseñarte a gritarte.
Por no enseñarte a cuidarte del rufián que te oscurece.
Por no escuchar tus quejidos ni sentarme a consolarte.
Por verte poca y pequeña al no poder escaparte.

Hoy,
quiero mirarme al espejo y gritarme con coraje.
Quiero reconciliarme con mi pasado cobarde.
Quiero unir a la niña con la mujer de viaje.
Quiero juntar mis manos con otras tantas imágenes.
Y formar un gran círculo que arrope al mundo salvaje.
Cantar un canto de júbilo
y verme y sentirme bella, poderosa e importante.

Hoy,
voy a andar por la brecha que la vida me ha trazado
para librarme de ésta que unos otros han creado.
Hoy asesino el terror y doy por muerta mis mentiras.
Hoy escojo mi caja, mi duelo, mi entierro y mi cripta.

Hoy resucito mi nombre y lo grito sin vergüenza
Hoy en mi cama duermo sola, sin arroparme de miedo.
Hoy termino con tus quejas, tus asaltos y tu encierro,
con tus golpes y tus ruidos que ya no tienen oído.
Hoy... SOY.

Palabras de una elegía

Los esprines de la vida
me cercenan todo el alma,
me circundan los sentidos,
me adormecen la esperanza.
Se me va haciendo muy grande
la soledad que yo vivo,
y un círculo me atraganta
ahogando todas mis ansias.
¡Ay dolor que no se quita!
¡Ay llanto que no se espanta!
¿Cuándo será el momento
que mi triste yo despierte
y se rebele hacia adentro
donde mueren mis raíces?
¿Cuándo podré creerme
Sultana de mi destino,
para entretejer caminos
que conformen mi castillo?
¡No te rindas! Cuerpo mío.
No des tus cansadas alas
al fracaso del hastío.
¡No te rindas! Mente estrépita,
que la batalla se acaba
cuando comienza la guerra
y los de abajo se trepan
cuando el de arriba se estrella.
Convirtiendo el rojo barro
en tapiz de un artesano.

Palabras de esperanza

Me estoy poniendo mis zapatillas de bailarina
para danzar bajo la lluvia de cenizas.
Para contar en el ritmo
los números que faltan por vivir.
Porque después de la tormenta…
brillaré,
reiré y descansaré
en la silla de misericordia.
¡Oh, sí!
Contemplaré
mi suerte de perseverancia.

Una pensaría
que el ahora es para siempre.
Hasta que las palabras comienzan a murmurar de nuevo
su melodía:
"Sobrevivirás, alma mía."
"Prevalecerás, cuerpo mío."
"Serás pronto, de nuevo, tú."
Y esta realidad presente
será pasada fantasía.

Palabras de paz

Estoy en mi verdadero ayer.
Estoy ya danzando.
Estoy.

Puedo gritar al Norte, al Sur, al Este y al Oeste
que he vuelto a ser yo de nuevo.
Que ya re-capturé la conciencia
de mi primer mundo inocente en que me rodeaba,
Y sigo viva.

Nada ha cambiado,
excepto mi ser.
Afuera…
La Traición continúa.
La Soledad continúa.
Continúa el Dolor.
Pero Ah!… muy dentro de mí…
Soy yo.

Puedo caminar… y ver… y hablar… y confiar… y reír.
Algo ha cambiado en mi interior.
He vuelto a mi futuro pasado.
¡Oh alma mía,
soy libre!

Palabras de amor

El Príncipe de Paz vino hacia mí,
y en un momento arrancó mi propio mundo.
Arrancó mi mente, mi soledad, mis miedos, mi ser.
Caminó dentro de mí y se sentó con mi niña interna
para dejarme ser.

Dejarme ser la niña olvidada
que confiaba en mis sueños.
Dejarme ser la antigua "quiero ser" que me hacía luchar.
Simplemente… dejarme ser.
¡y se siente tan bien sobre mí misma!
Sólo eso…

Él des-caminó, en mi lugar,
la vida en espiral que formó mis pasos.
Simplemente porque…
Y por eso
brillo, río,
soy una sobreviviente.

Soy de nuevo la escogida, la esperada.
Por eso…
En la silla de misericordia
estoy sentada.

Palabras en pie de lucha

He caminado por tierras ajenas y extrañas,
amamantando la idea de que soy parte de ellas.
Y casi, casi lo he creído.
Porque me han dado bonitas miradas,
me han arropado el alma con fuego,
me han dado permiso para entrar a sus sueños
y me han protegido el corazón en sus manos;
casi, casi me pierdo entre ellos.

Hasta que en algún momento dado
mi espíritu asoma su cara
y se desplaza con su propia danza.
Se viste con ropas de antaño
y se convierte en su propio amo;
es cuando casi, casi, viene el rechazo.

En la soledad que cada viaje me ofrece,
en la nostalgia que cada adiós me provoca,
reconozco que soy ermitaña
que descubre sus fuerzas
a través de las lanzas.
Soy guerrera sin las armas.
Soy triunfadora sin su comparsa.
Soy escudero sin daga
y escultora sin estatua

Pero soy…
Y aunque se provoque el rechazo
cuando el espejo se agranda,
sigo erguida por la vida
secando todas mis lágrimas.
Que lo sepa todo el mundo.
Que toda la gente entienda.
No hay soledad que me acabe.
No hay rechazo que me espante.
No hay destierro que consuma
cada hueso de mi espalda.
No hay violencia que me arranque
lo íntimo de mis entrañas.
Ni situación que detenga
el curso de mi palabra.
Soy quien soy,
y soy por eso,
quien rema su propia barca.

Conversatorio

"Me gusta cuando callas
Porque estás como ausente"
Pablo Neruda

Pablo, no quiero callar
porque siempre estoy presente.
Yo soy una hija de Hostos
con razón para pensar.
Soy de Betances la ira
con que lucho mis ideas.
Y de Julia soy poesía
que las aguas me dan voz.
Martí me dio su visión
de perderme entre mi pueblo.
Y de Albizu tengo ganas
de gritar mucha traición.
De Muñoz Rivera y de Diego,
aprendí que las palabras
tienen función de enseñar.
Y de Virgilio la tierra
se estancó en mi paladar.
De Sor Juana comprendí
que el tiempo no me detiene
la calidad de mis versos
ni el propósito de hacerlos.
Y de Palés he sabido
darle ritmo a mi intelecto,
darle baile al pensamiento
y música a mi verdad.
¡Pero Pablo, si te cuento!
Que nadie como mi abuela
para aprender los valores
que enderezaron mi senda.

Nadie como esa negra
para hacerme sentir bella
con mi cocola melena
y el negro de mis ideas.

No Pablito, ¡yo no callo!
Y si por eso no quieres
reconocer mi presencia
como mujer que soy,
entonces,
tú eres quien pierdes
el honor de conocerme.
De saber de mis historias
que nacen por las esquinas
en cada humano que encuentro
con ganas de conversar.
De conocer cómo ama
una mujer de mi altura
cuando abraza al escogido
de recibir su pasión,
y entreteje cada noche
la cama de su ilusión.

Ay Pablito, si supieras…
lo triste que me hizo sentir
que me quisieras silente,
hueca, estéril, sin vivir.

¡Yo!
Que soy marea de ideas
y tormenta de pasiones.
¡Yo!
Una gran máquina-lera
de entretejer experiencias.
¡Yo!
Que nací gritando
la bohemia de mi agrado,
con la mirada en alto
y el puño fijo en mi mano.

Pablito… Neruda… Pablo…
¡Que yo no soy Dulcinea!
Sino Quijote… y su Sancho.

Palabras de un nido vacío

El tiempo rompe las telas del pasado
y su truenos apuñalan los encajes del engaño.
Se desparrama la sangre y sus ríos se entrecavan
donde va quedando chica la efigie de mi retrato.

Comienzan las pesadillas de tres cabezas perdidas
en las lágrimas sin freno de una niña perdida.
Los tentáculos son fuertes para las hadas madrinas.
O se detiene el encanto, o te escondes en el bosque,
para que te protejan los enanos de la noche.

¡Ay… pero te mataron tu recién nacida inocencia!

Las manos se te ponen viejas.
Se entrelazan con la muerte las sobrecargadas venas
y el destino que te escriben, te hacen cerco con las penas.

¡No grites… no tienes tiempo!
¡No llores… acaba con el miedo!

El minuto que te falta te recorra todo el cuerpo
y te envuelva en fantasías de tus olvidados sueños.
¡Vete y corre por los montes de amapolas y gladiolas!
¡Vuela por entre los vientos de las colinas del pueblo!
¡Nada por el océano que formaron tus deseos
y descansa en las orillas que forman las golondrinas!

¡Vive, aunque sea un minuto, la vida que te quitaron!
¡Ríe, aunque sea por tan sólo unos segundos!

¡No permitas que te digan que estás muerta, cuando estás viva!
¡No permitas que te escondan, cuando hay tanto espacio baldío!
Mañana, quien se ha burlado de tu infancia… de tus sueños…
se convertirá en polvo con sus manos bien vacías.
¡Córtale a tu presente las espuelas del pasado
y libera tu mañana del engaño que han creado!

¡Habítate!

MUJER PATRIA

Mujer puertorriqueña

Déjame amarrarte a mi verde falda
que recorre todo mi cuerpo.
Que mis ríos y mis montes
te protejan tu interior.
Creciéndote palmas de acero
en tu espíritu y tu alma.
Déjame convencerte
de tus raíces potentes.
Que no inclines mi flora y mi fauna
a quien quiera hacerte esclava
del dolor y la miseria,
del sudor y de la sangre
que contaminen mis aguas
y te arropen de vergüenza.

¡Despierta, puertorriqueña!
No te dejes arrugar.
No dejes que tu enemigo
se acueste en tu lecho ardiente
y te convenza de algo
que termine en ilusión.

¡Despierta, mujer pasión!
Termina ya con el engaño
de esa nación que te ara
con el surco de traición,

¡Despierta, mujer puertorriqueña!
Cúbrete ya la espalda
con mi escudo y mi bandera
y dile no, al abusador.
Para que mi tierra pueda
seguir siendo tierra bella.
Que sólo el mar y las estrellas
engalanen mis encantos
y en vez de abrirle mi tierra
a tu cuerpo inerte y frío,
se la abra a tu destino
de mujer libre, triunfadora y bella.

Aocubay II

¡Señor alcalde!
Que están tumbando los árboles que coronan nuestro pueblo.
Quitándoles el consuelo a los atletas de paso.
Que la sombra ha protestado por no tener su ramaje
y el sol se ha vestido de gala para bailar con las calles.

¡Señor alcalde!
Que se han robado el pasado sin un solo acuerdo dejarnos.
Convirtiendo nuestra entrada en ruinas de cal y barro.
Que se está muriendo el pueblo por no saber su destino
y los tiernos pinos escapan a paisajes con caminos.

¡Señor Alcalde!
Que la fuente está desierta en las remotas aldeas
y el brillo de las linternas se engalana de ceguera.
Que el poder del color verde en una mano se queda
ofreciendo a nuestra mesa las sobras de las trincheras.

¡Señor Alcalde!
Que no hay cambas para el pintor ni una voz para el cantante.
Que al bailador le hace falta un tablón pa' desplazarse.
Que el escritor se ha quedado sin lector que lo levante
y la musa se ha escapado hacia horizontes más grandes.

¡Señor Alcalde!
Venga a cenar conmigo tan pronto como esta tarde
para contarle los dichos del pueblo que tanto sabe.
Coma y beba del mejunje preparado por comadres
a ver si se abre a las sendas que recorren por el valle.

Señor alcalde...señor de todos...señor de nadie

Pueblo de luto

Camino por los senderos
que mis abuelos talaron.
Me acurrucan los recuerdos
de miles de antepasados.
Son los montes que circulan
el valle de miel y azúcar.
Son las playas que a escondidas
mezclan mi tez con la arena.

Desde mi ventana observo
los años corriendo a des tiempo,
sin preservar esta imagen
que en mis paredes conservo.
Son los molinos de vientos
Que bordan mi mente de huecos.
Son los miles de caminos
que terminan en desiertos.

Ay!
Si algún alma se apiadara
de lo que el tiempo ha negado.
Si alguien subiera a mi pueblo
a las alturas de antaño
y desde allá recobrara
su gentileza de bardo.

Si algún alma sin destino
comenzara a hacerse camino
y con machete en la mano
recobrara lo perdido.

Pero los muertos prosiguen
su caravana de hastío
y se llevan enredados
los sueños de tantos siglos.

Intercepción

Mis dos alas comparten
la carga de mi equipaje.
Cada una queda herida
cuando la otra se estrecha.
El dolor y la alegría
se distribuyen sin prisa
y el corazón queda en vela
confundiéndose en la brecha.

Camino cada segundo
pero corro los minutos,
tratando de hacer memorias
que congelen las historias
de dos mundos que se me alejan
y a la vez, me quedan cerca.

Tengo dos patrias que abrazan
los pedazos de mi herencia.
Una que nació conmigo
y otra que me fue impuesta.
Esas dos tierras secuestran
el pasado de mi abuela
y el futuro de mis nietas.
Dejándome la conciencia
debatiendo la respuesta
del terminable descanso
de esta coraza de fango.

Dos naciones fragmentando
mi historia en miles pedazos.

Seu Vieq

¡No te cubras!
No hace falta que te sientas fea y sucia.
No te escondas entre el aire
que te cubre del Sahara,
ni te alejes de la gente
que ventila tu heredad.
No reniegues
al derecho que tienes en propiedad,
por la sangre que vertieron
patriotas, indios y negros.

Coge orgullo de ese cielo
que te ofrece un sol brillante,
agua limpia y cristalina,
esas hembras que pasean
sus coronas de guerreras
y esos hombres que engalanan
con sus manos tu atabal.

No me niegues tu belleza
desde la orilla del monstruo,
desde las olas dormidas
de este lado de la vida.
No te alejes, Isla nena.
Vuelve tu cara a la mía
y caminemos la historia,
destruyendo las calumnias
de los que disparan ignominias,
agravios, ultrajes o injurias.

Hazte el volcán que dispare
su fuego de orgullo patrio,
o quizás la artillería
que defienda a la fuerza su rancho.
Dale el ejemplo a tu madre
que te parió y te ha olvidado.
A ver si de ahí nos sale alguien,
con la distinción…
de ser el libertador.

Raíces

¡Yo nunca me fui, Puerto Rico!

Cuando mi cuerpo se desplazó,
mi corazón se enterró
bajo el palo de algarrobas
que crecía allá en mi patio.
Cuando un nuevo idioma se quiso
apoderar de mi lengua,
el vernáculo de antaño
protestó cerrando el paso.
Cuando la música nueva
me atropellaba en la radio,
mis pensamientos volaban
a las trovas de mi barrio.

¡Yo nunca te abandoné, Yabucoa!

Cada mañana buscaba
tus playas y tus palmeras,
las montañas que circulan
el valle de mis quimeras.
He jugado en las cunetas
del cerrito del Calvario,
y en el bosque de la poza
he recreado mis pasos.

En mi mente he visitado
la tienda de Herminio Ramos,
y he ido con mi abuela
a la Plaza del Mercado.
Los zapatos que mi abuelo
arreglaba sin descanso,
han calzado todo el tiempo
mis pies que siempre trotaron.

No me niegues Puero Rico.
Ni me mires, Yabucoa,
como a extraña en tu solar.
Porque todos tus pedazos
se han quedado postrados
en cada ciudad en que he estado
de paso, como un vendaval

Génesis

Gota a gota se han formado
las playas que nos circundan,
para bañar toda infamia
que formaron sus espumas.
La arena fue su testigo
con sus verrugas de nácar,
y siglo a siglo se ha formado
el fósil de lo olvidado.

Nuestros abuelos lloraron
la amnesia de nuestros padres,
y nuestros padres gritaron
la gesta de sus linajes.
Nuestra forma la ha tallado
el bisturí del artesano,
y los colores del prisma
en nuestro suelo se estancaron,
dándole espacio al artista
de imaginar lo creado.

En el principio la tierra
comenzó con Puerto Rico,
y siglo a siglo ha seguido
recreando esa ilusión.
A través de nuestros bailes
que contonean la historia
con los pies del bailador.
De la música que adentro
refleja el alma su intento
de ofrecer transformación.
De la palabra silente
que se escribe con la gente
anunciando la esperanza
de cada generación.
A través de nuestros niños,
aprendiendo con orgullo
que este canto de terruño
comenzó la creación.
Y por esto, Puerto Rico,
tus hombros cargan el peso
de darle muerte a tu miedo
de ser por Dios heredero
de tu gran liberación.

La muerte anduvo por aquí

Se fue la historia, terminó el tiempo.
Sólo ha quedado un semental de muertos.
Anduvo el hueco de algún vacío
la huella inerte de un huracán.
Durmiendo el cóndor sobre sus huesos
y el río quebrado sobre la mar.

El panorama durmió en su alcoba
y entre sus ruinas llorando está.
Se fue la imagen de algún poeta
por la partida de su rincón.
Te quedas viuda entre tus Antillas
sin el espacio que Dios te dio.
Te han amasado para ser parte
de los ensueños de otra nación.

Ya no es tu tiempo, ya no es tu espacio,
ya no es tu fuerza ni tu estación.
Sólo las ruinas de un gran palacio
que su derrumbe, el Caribe observó.

Se fue tu tiempo, terminó tu historia.

Mañana

Camino por tus calles pobladas de esperanzas
de flamboyanes tiernos con flores de añoranzas,
por las ceibas maduras y robles afanosos
que circulan pasillos de presentes borrosos.
Son las miradas tiernas de los niños de pueblos
augurando un futuro de ruidosos ensueños.

Yo proclamo victoria para mi tierra amada.
Bordeada de cantos proclamando un mañana.
Sin temor al camino de valles escabrosos.
Y que limpie la pena de los ojos llorosos,
desterrando de paso la raíz del veneno
de contiendas ajenas y del dolor perpetuo.

Son los hijos gloriosos de un mañana sincero.
Son los niños que nacen de los vientres sin miedo.
Son los héroes futuros que ararán nuestro suelo
y bordarán las esquinas de este gigante pequeño.
Son las manos que unidas formarán la semblanza
de un camino distinto que re-escriba mi patria.

MUJER NEGRA

Ruta ajena

(Historia poética de la diáspora de la mujer negra en 11 rutas)

Ruta #1: Presentimiento

Esta noche me envuelve el miedo
de ser arrastrada al son del dolor.
A desaparecer sin rastro.
A dejar de ser la negra
que se junta a tu piel
sacándote un poco más.
Esta noche corremos el riesgo
de ser arrojados
a un conjunto de caras iguales,
de ser dejada de llamarme,
de ser nada junto a nadie.
Y si eso nos sucede:
¿Qué será de lo conocido?
¿Qué será de lo aprendido?
¿Qué será de lo hablado?
¿Qué será de mis dioses?
¿Qué será de mí?
¿Qué será de ti?
Recemos a las deidades,
a las potencias del centro del universo,
a los poderes protectores,
que eso no ocurra.

Ruta # 2: La captura

Una noche…
Fue una noche…
Una noche
se acercaron y me ataron.
Me cazaron…
Me cazaron como a caza de salvaje.
Me estrujaron…
Me estrujaron contra otros de mi aldea.
Aún recuerdo…
Fue una noche…

El dolor de mis hijos me estasajó el útero.
El dolor de mi hombre me quemó mis pechos.
El dolor de mis padres me consumió la mente.
El dolor de saberme sola, de pronto sola…

Fue una noche…
Los cobardes se arrimaron por la noche
y entre sombras arrasaron con mi historia.
Nunca olvido…
Fue una noche.

Ruta # 3: En el barco

Estamos navegando en un salón de atrocidades.
Vamos camino a lo desconocido.
Estamos oliéndonos el sudor de negros,
la peste del vómito del destierro forzoso,
la hediondez de orines de miedo
y mierda del coraje ahorcado.

Vamos marcados en las manos y tobillos
con la marca del poder cobardemente blanco.
Vamos gritando en silencio
la canallada en nombre de un dios desconocido.
Que nadie se atreva a decir que eso pasa.
Que nadie ose augurar un progreso.
Que nadie intente escribir una excusa.
Porque los ojos blancos de negros con miedo
Le saldrán a flote para escupirles la cara.

Porque nos dejaron atrás a los hijos.
Nos partieron en otro salón de atrocidades
al hombre que le sacábamos las ganas.
Nos arrancaron de raíz el horizonte verde
y la ingenuidad de respirar aire seguro.
Nos marcaron el alma para siempre.
Nos truncaron el futuro normal de nuestras vidas
para impregnarnos a la mala
otro futuro creado por barro desconocido.

¿Y todo… para qué?

Ruta # 4: La resistencia

Y ahora me dicen
"ahí tienes tu nueva casa
con tu nueva gente
y tu nueva lengua."
Y de coraje
me impregné en la mente
la vieja casa
con la vieja gente
y mi vieja lengua.
Y juré
que algún día,
de algún modo,
y a como diera lugar
VOLVERÍA!

Y volví.
Volví al pasar de los años
en los nietos de mis nietos
a rescatar lo quitado.
Volví a exigirle a los blancos
redimir el hoyo
que hicieron en mi alma.
Volví en los libros re-escritos,
en las charlas re-tomadas,
en la historia re-contada.
Volví en las caras
de todas las familias de negros engendrados
por todo el universo.
Volví con cubierta de diáspora
para re-agrupar el silencio
de cuatro siglos.

Ruta #5: La lucha

No creas que no sentí miedo,
cuando tomé un machete por primera vez,
para partirle el níspero podrido
al fulano aquél que me estasajó una noche
la selva querida por el negro apartado.

No creas que no temblé de temor
cada vez que trataba de recobrar
la libertad esclava.

Sin embargo,
el recuerdo de saberme desarraigada
de mi pedazo de tierra
me cubrió ese miedo
y me volvió valiente.
(Aunque fuera por esos momentos
de tratar de rescatar un sueño.)

Yo me quise hacer cimarrona.
Yo corrí por montes de avispas
y despedacé mosquitos in-misericordiosos.
Yo crucé las laderas de montes vírgenes.
Yo juré morir si me des-cimarronaban.

Yo planté una escuela común
en lugares distantes.
Y poco a poco
nos hicimos pioneros.
Sombra de lo que vendría.
Que, algún día,
los demás lucharían.
Aunque, para eso,
esperáramos siglos.

Ruta #6: El cruce

Yo vi aquella mujer
(distinta a mí
y al amo que me mutilaba)
escurrirse en el monte.

Yo vi a la mujer aquella
(que un día fue dueña y señora de alguien)
solitaria y triste.

Yo pude observar su pasado
igual que el mío.
Y pude entender su presente
esfumándose.

De alguna manera sabía
que aquella mujer
era yo misma.
Que aquella mujer,
de pelo sedoso
y la piel de achiote,
era una parte de mí.

Aquella mujer,
que asustada,
vino a mi encuentro
a compartir su desdicha.
La desdicha de ver a su hombre morirse
sin dejar más huellas.

Y en sólo una fracción del tiempo extranjero
yo misma me vi, en mi futuro, cobriza y achocolatada.
Porque entre el amo,
y el hombre
que ella me daba…
¡saldría una nueva raza!

Ruta #7: La supervivencia

Me llamaron "alguien,"
me vistieron algo,
me cambiaron todo,
me hicieron distinta.

Y poco a poco,
tuve que ir cambiando mi ruta de adentro.
Poco a poco,
se me fue escapando la palma de viento
y el mar de corales.
Poco a poco
se me fueron alejando
las caras inocentes
de mis hijos huérfanos.
La casa silvestre
de flores y cantos.
Se me fue olvidando
el dios que me daba la lluvia,
el dios que me daba la vida.
Se me fue nublando la mente
de caras bonitas.
Se me fue olvidando mi nombre.
Poco a poco, se me fue olvidando el recuerdo.

Ruta #8: La transformación

Comenzó a tener importancia
la ciencia de otros.
Comenzó a cobrar forma
el mundo extranjero,
que un día fue el mismo
que me acorralaba.
Comencé a verme ciudadana
de lo que un día
rechacé con fuerza.
Comenzó mi nueva jornada.

Y fui una "señora"
de la cama ajena de la casa grande.
Y como gaviota,
me deslizaba a diario
por los pasillos
de casas gigantes.
Me fueron engalanando
las letras y cuentos de otras ciudades.
Y ya tarareaba canciones
a niños cambiantes.
Y comprometí mi pasado,
por unos momentos de vida.
Por una supervivencia radiante
en boca del amo salvaje.
Tendría mi parte en la historia
y haría mi parte en el "ahora."
¿Mañana?
¡Quién sabe!

Ruta #9: La herencia

La hija de la hija de la hija
me leyó en las fotos,
me leyó en los cuentos,
me leyó en tertulias,
me leyó en los sueños.

La hija de la hija de la hija
estudió la ciencia de otros.
Bailó los bailes de otros.
Escribió discursos de otros.
Hasta que se convenció
de lo que sabía.

Y nos re-inventamos en la bomba y la plena,
en el tamborito.
Nos re-descubrimos en la salsa y merengue.
Nos hicimos visibles.

¡Me devolvió a la vida!

Ruta #10: La mujer caribeña

La nueva mujer achocolatada
se miró al espejo
para comprobar,
que atrás le seguían
la negra africana,
la india achotada
y la aceitunada española.

Y una sonrisa le enmarcó el encuentro.

Ruta #11: El Sincretismo

Yo bailo en la casa, discotecas o calles
con Olga y Noraida, Evelyn y Lorna,
Mariita y Shary, Carmen Iris y Rosa,
Melinda y Paola, Xiomara y Ariela,
Marlyn y Ayda Heredia, Altagracia y Celia.

El mundo perdido que forma el de ahora
se junta en la pista de eternos encuentros
dibujando mezcla de ritmos y versos
sobre mil metáforas de colores bellos.

Tú y yo bailamos en La Casa D'Antaño
y juntas creamos el código genético
del ciclo perfecto.

Tengo una hermana que baila en Atlanta.
Tengo una hermana que baila en Valdosta.
Teno una hermana que baila en Louisiana.
Tengo una hermana que baila en Alabama.
Tengo una hermana que baila en Puerto Rico.
Tengo una hermana que baila en Quisqueya.
Tengo una hermana que baila en la Cuba.
Tengo una hermana que baila en Haití.

Y juntas secamos los siglos de lágrimas,
de nuestra primera madre
que bailó en el África.

Concepción

Soy la herencia de mis antecesores.
Los bailes que aglutinaron mi personalidad.
La música que rodeó la imagen interna.
El ritmo que guió la intención de mis huellas.
Soy el trueno de "bomba" rompiendo barreras
entre las olas de cuerdas y teclas.
El relámpago reflejado a través de un mar de caras.

¡Ay!
Mis pasos me han llevado hacia otros horizontes
que han intentado chocar con la raíz de mis miedos.
Algunas veces, me he rendido en nombre de la supervivencia,
pero otras, he luchado mano a mano con mis ideas.
Tengo heridas que han marcado cada pulgada de mi alma.
Tengo trazos de dolor que han sido fundidos en lágrimas.
A veces me he negado a actuar,
sin aún entender lo que mi poder puede alcanzar.

¡Pero bailo!
El baile que mis antepasados me enseñaron a aceptar.
¿Sabes quién eres?
Porque yo sí sé quién soy.
…la cara de tu ayer.

Versos negros interrumpidos

Érase una vez que era
una negra muy pequeña
para entender los colores
que arco-irisaban la tierra.
Que me pasaba mi tiempo
confundiéndome entre cuentos,
y las hadas y princesas
eran partes de mis sueños.

Érase una vez que era
flaca y con pelo salvaje,
primitiva en mis raíces,
y amiga del agua de mangle.

Érase una vez que el tiempo
descosió la enredadera
que se iba entretejiendo
con agua, fuego, aire y tierra.
Y se acabaron los "érase,"
para dar paso al desprecio.

Debutando airado el desprecio de la ignorancia.
Saliendo a flote la idiotez de otra raza.
Envolviéndome toda en un estupor de acero.
Y entre años desgastados, cubrir mi cortado cuerpo.
Creándose un gran Picasso del "collage" de mi destierro.

¡Hasta que estrello el presente!

Cuando el corazón deja de latir por un momento
y la ansiedad del fracaso se me acerca,
cuando la soledad invade mi alma
y mi única compañía es la nostalgia,
cuando mis palabras no consuelan
a las personas amadas,
cuando mi presencia es invisible
y los amigos se me escapan;
Yo me acuerdo de mí.

El ritmo de las congas entrando por mi cuerpo,
convirtiendo en serpiente la rigidez de mis huesos.
La melodía interna provocando paz y consuelo.
Los descalzos pies salpicando bailes de fuego.

¡Y la tranquilidad vuelve a su tiempo!

Érase una vez una niña mujer
Que se negó a entrar al juego
De un tiovivo sin sueños.

Mi baile

Los pies me hacen esclava
del ritmo de tus tambores.
Toda la piel se me eriza
cuando suenas tus yimbés.
Mi cuerpo se me acomoda
dentro de un caracol.
Y los ojos se me escapan
al mundo de los batás.
Soy el trueno que estremece
el ritmo de los bateyes.
Me envuelvo entre los marullos
de cueros en su sudor.
Soy la negra que despierta
de la idiotez de las reglas,
de la moda y los vestidos,
del color de mi silencio
y de la raíz de mi pelo.

Yo bailo por las palmeras,
entre los montes de higueras.
Bailo por ríos y sendas
que vivieron mi experiencia
de razas que se han hecho viejas.
Bailo por las laderas
que terminaron cubiertas
de sangre, muerte y vergüenza.

Yo bailo cuando me envuelvo
el alma con su dolor.
Bailo cuando comprendo
que reniego a mi concepto
por darle paso a otro color.

¡Soy negra!
Lo grito a los cuatro vientos.
Y por eso me sumerjo
en el baile de mis abuelos.